TU RESPIRACIÓN MÁGICA

En calma y feliz con la respiración mindfulness

TEXTO DE **NICK ORTNER** Y **ALISON TAYLOR**
ILUSTRACIONES DE **MICHELLE POLIZZI**

Título original: *My Magic Breath*

© 2018, Nick Ortner por el texto
© 2018, Michelle Polizzi por las ilustraciones

Publicado por acuerdo con HarperCollins Children's books, una división de
HarperCollins Publishers, 195 Broadway, Nueva York, NY 10007, EE.UU.

De la presente edición en castellano:
© Gaia Ediciones, 2018
Alquimia, 6 - 28933 Móstoles (Madrid) - España
Tels.: 91 614 53 46 - 91 614 58 49
www.alfaomega.es - E-mail: alfaomega@alfaomega.es

Primera edición: mayo de 2020

Depósito legal: M. 31.884-2019
I.S.B.N.: 978-84-8445-828-9

Impreso en India

Para June y Brenna, que aportan magia
a mi vida cada día.

Nick

Para Ryan, que me ha mostrado
la magia de la respiración que calma.

Alison

Para River, Rowan y Nick.

Michelle

¿Tienes la respiración mágica?

Vamos a ver... Toma aire profundamente ....

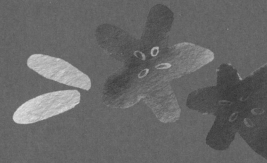

¡. . . y échalo FUERA!

¡GUAU! ¡Pues sí que tienes la respiración mágica!

La respiración mágica es especial.
Nos ayuda cuando tenemos
demasiados pensamientos dando
vueltas por la cabeza.

Cuando el día se termina, tenemos
MUCHAS COSAS en las que pensar.

A veces, cuando estamos preocupados, nerviosos o tristes, respirar profundamente nos ayuda a dejar a un lado algunos de esos sentimientos. ¡Piensa en tus momentos de felicidad! Si inspiras con fuerza y recuerdas las cosas que te han hecho sentir genial, disfrutarás de esos instantes de alegría mucho más.

¡Es magia!

¡Vamos a probar!

¿Qué ha pasado hoy que te ha hecho sonreír? Inspira profundamente y visualiza ese momento en tu mente.

¡Prepárate!

Sopla y esparce todos
esos pensamientos felices
sobre esta página.

Sí, eso parece felicidad.

¡Sigue soplando! ¡Sigue pensando en cosas felices!

¡Qué bien!
Un montón de felicidad.

Seguro que tienes una sonrisa en la cara.
Una gran sonrisa puede hacerte sentir mejor.

Pero a veces pasan cosas por las que te enfadas,
o que te ponen triste.
¿Sucedió algo hoy que te hiciese sentir así?
Seguro que no te lo puedes quitar de la cabeza.

Vamos a probar de nuevo con tu respiración mágica.

Piensa en lo que pasó.
¡Retenlo en tu mente!

Cierra los ojos e inspira profundo.

Y ahora suelta el aire aquí.

¡Una vez más! Inspira aún más profundamente.

¿Recuerdas aquel pensamiento feliz?

Utilízalo para echar fuera el pensamiento triste.

¿Eres capaz de soplar hasta expulsar el pensamiento triste de la página?

¡Sigue intentándolo!

¡Hasta que todos los pensamientos tristes estén fuera de tu vista!

¡Toma!

¡Lo has conseguido! ¡Adiós, pensamientos tristes!
¿Te sientes mejor ahora?

¡Tu respiración mágica te ha ayudado!

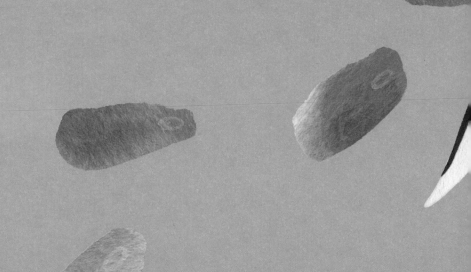

Si inspiras y espiras profundamente
cuando estás triste, enfadado, preocupado o feliz,
te sentirás mejor.

¡Tu respiración mágica puede hacerte
reír y ayudarte a valorar los momentos de felicidad!
La respiración mágica también puede
tranquilizarte cuando
no te sientes tan feliz.

En lugar de estar llena de pensamientos al final del día, ¡ahora tu mente está preparada para tener dulces sueños!

¡Vamos a dar un gran bostezo juntos!

Es hora de dejar que tu respiración mágica descanse.

Dulces sueños . . . Hasta mañana.

Otros títulos
de Peque Gaia

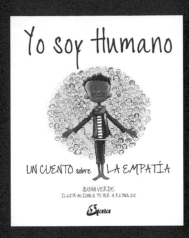